Kreatives Bastelset

OSTER-
ORIGAMI

CARLSEN

Los geht's

Origami kommt aus Japan und beschreibt die Kunst, Papier dekorativ zu falten. Ori bedeutet übersetzt „falten" und kami steht für „Papier". Dabei wird ein quadratisches Papier in eine 3-D-Figur verwandelt – ganz ohne Kleber. Manchmal brauchst du eine Schere. Auf den nächsten Seiten lernst du, 10 verschiedene Figuren zu falten. Dafür findest du in diesem Set Origamipapier, Sticker zum Verzieren, Schablonen zum Heraustrennen und ein Falzbein, mit dem du die Knicke glatt ziehen kannst.

Symbole

In diesem Buch werden Pfeile und andere Symbole verwendet. Es gibt zwei grundlegende Falttechniken, Bergfaltung und Talfaltung, doch auch schwierigere Faltarten.

TALFALTUNG

 Symbol

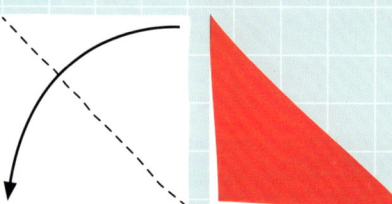

Falte das Papier zu dir hin. Beim Öffnen sieht es aus wie ein Tal.

BERGFALTUNG

 Symbol

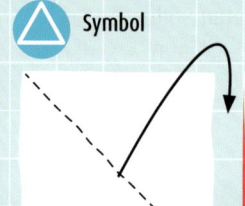

Falte das Papier von dir weg nach hinten.

WENDEN

 Symbol

Drehe das Papier um, wenn du dieses Symbol siehst.

FALTEN & ENTFALTEN

 Symbol

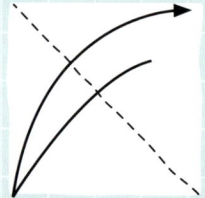

Mache eine Tal- oder Bergfaltung und entfalte das Papier wieder.

2

UMKEHRFALTUNG NACH INNEN

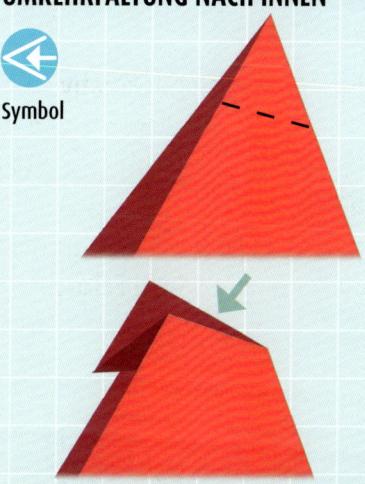

Symbol

UMKEHRFALTUNG NACH AUSSEN

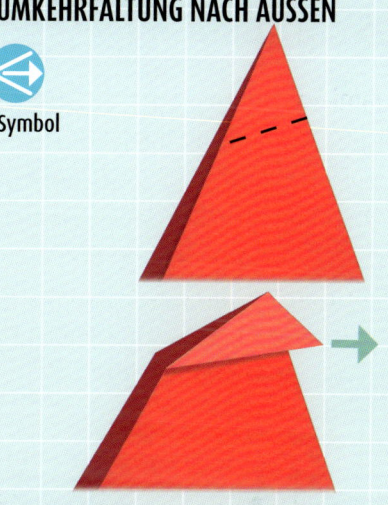

Symbol

Für manche Falttechniken musst du das Papier nach innen drücken. Mache einen Knick und drücke die Papierspitze zwischen die gefalteten Seiten. Lege die Papierhälften zusammen. Aus der Bergfaltung wird eine Talfaltung.

Für einige Falttechniken musst du das Papier nach außen ziehen. Mache einen Knick und ziehe die Papierspitze nach unten über die zwei Seiten. Drücke die Papierhälften zusammen. So wird aus der Talfaltung eine Bergfaltung.

PUSTEN

Puste vorsichtig in die Öffnung, damit deine Figur in Form kommt.

 Symbol

SCHERE & KLEBER

Nutze bei diesen Symbolen eine Schere, um das Papier einzuschneiden, oder Kleber:

 Schneid-symbol   Klebesymbol

Welche Farbe?

Damit du leichter falten kannst, ist in den Anleitungen eine Seite des Papiers bunt und die andere weiß. Du kannst dir Farbe und Muster deines Papiers selber aussuchen.

Wusstest du schon?

Es ist unmöglich, ein Papier mehr als 7 Mal zu falten. Probiere es aus!

2002 hat ein Schüler den Weltrekord gebrochen. Er faltete das Papier 12 Mal!

Falzbein

Viele Origamifiguren sind schwer zu falten. Falze deine Knicke mit dem beigelegten Holzstück. Ziehe es dafür fest über den Knick.

Drücke fest und ziehe entlang des Knicks.

Karottenkörbchen

Dieser kleine Korb ist ein tolles Geschenk! Du kannst Schokoeier hineinlegen. Suche eine der beigelegten Formen für die Blätter aus, male sie an und klebe sie an den oberen Rand des Körbchens.

1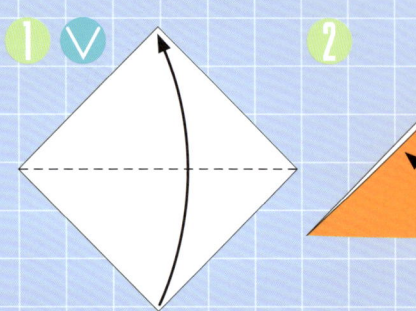

Falte eine Ecke zur gegenüberliegenden Papierspitze.

2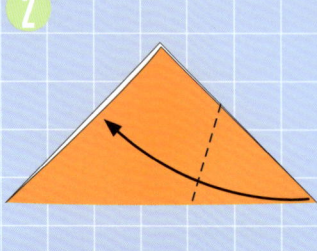

Falte die rechte Ecke zur Mitte der linken Kante.

3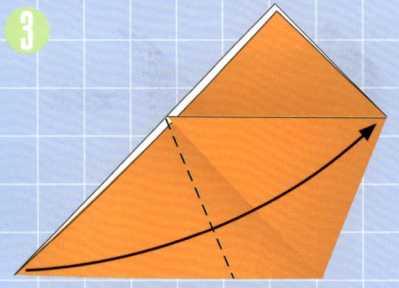

Falte die linke Ecke zur rechten Kante.

4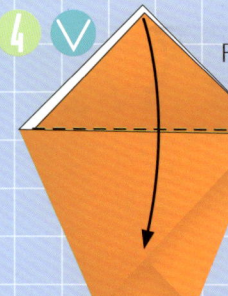

Falte die Papierspitze an der aufgezeigten Linie nach unten. Drücke links und rechts für die Karottenform.

5

Male deine Blätter an und klebe sie an die Korbspitze.

Stecke eine Überraschung in die Karotte!

4

Tierische Lesezeichen

Falte schöne Lesezeichen für dich und deine Freunde. Klebe deinem Hasen, Lamm oder Huhn Augen, Ohren und andere Sticker auf. Bastle dir weitere Ostertiere.

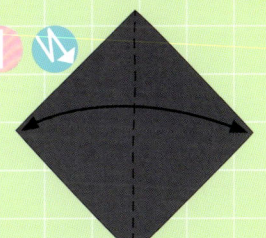

Falte dein Papier diagonal und entfalte es wieder.

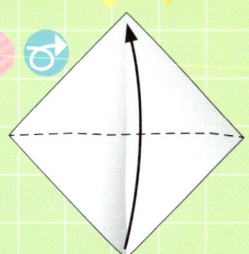

Drehe es um und falte die untere Hälfte nach oben.

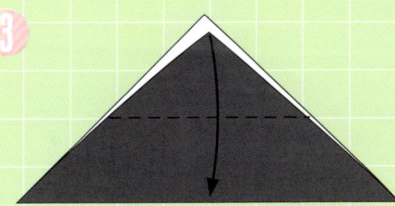

Falte die vordere Dreieckspitze nach unten an der Mittellinie zur Faltkante.

Knicke die linke und rechte Ecke zur nach unten gefalteten Spitze und entfalte sie wieder.

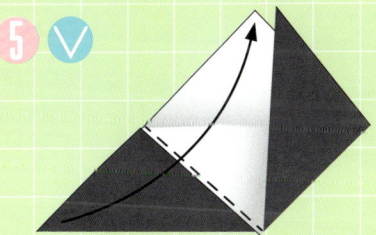

Falte die linke und rechte Papierecke nach oben.

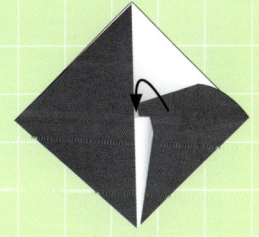

Falte die zwei Papierspitzen nach innen.

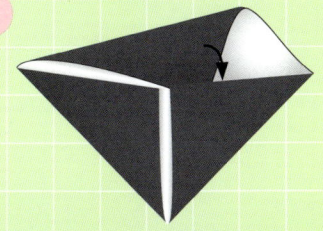

Stecke die Viereckspitze in deine Papiertasche. Klebe deinen Tieren Gesichter auf.

5

Hüpfender Hase

Dieser Origamihase kann hüpfen!
Drücke hinten auf den Hasen,
um ihn springen zu lassen.
Falte viele lustige Hasen!

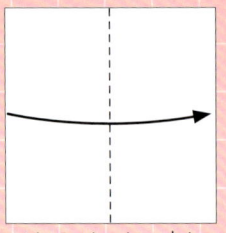

1 Falte ein Papierviereck in der Mitte.

2 Falte die oberen Ecken zu den Kanten, dann entfalte sie.

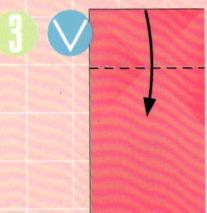

3 Falte die Kante am entstandenen Kreuz nach unten.

4 Drücke die rechte und linke Ecke nach innen.

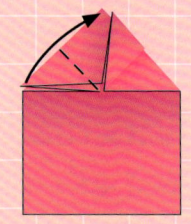

5 Falte die Ecken des Dreiecks nach oben zur Spitze.

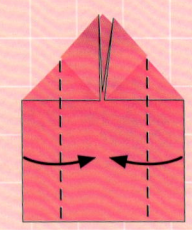

6 Falte die Seiten zur Mitte, bis sie sich treffen.

7 Falte die beiden Spitzen des Dreiecks nach links und rechts.

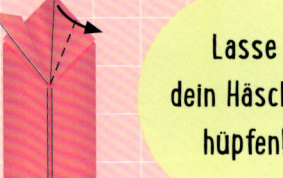

Lasse dein Häschen hüpfen!

8 Falze die untere Papierhälfte nach oben.

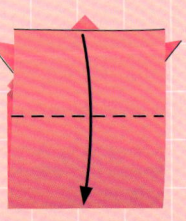

9 Falte nach unten und drehe die Figur um. Klebe Ohren an und male ein Gesicht auf.

Kleine Taube

Gurr … gurr … Die Taube
ist ein Symbol des
Friedens. Sie ist eine
gute Erinnerung, nett
zueinander zu sein.

1

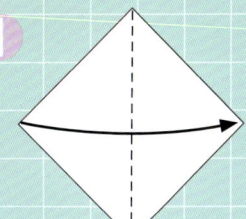

Falte eine Ecke zur
gegenüberliegenden.

2

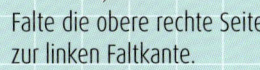

Falte die obere rechte Seite
zur linken Faltkante.

3

Falte die obere Spitze nach
hinten zur unteren.

4

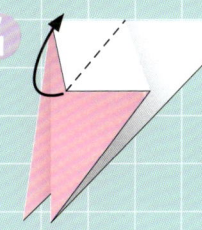

Ziehe die nach unten gefaltete
Ecke nach oben.

5

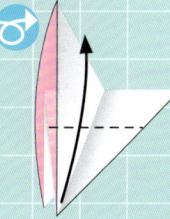

Falte die untere Ecke nach links oben.
Papier wenden und wiederholen.

6

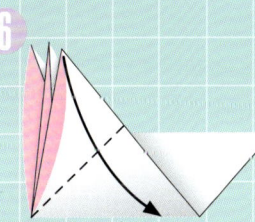

Falte die Spitze nach unten.
Wiederhole auf der anderen
Seite.

7

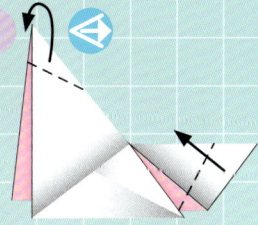

Drücke die Papierspitze nach
innen. Knicke den Schwanz und
ziehe die Spitze nach oben.

8

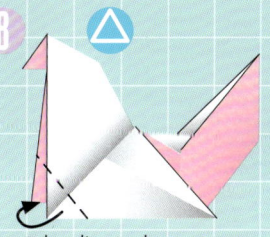

Falte die vorderen unteren
Ecken nach innen. Fertig!

Verziere deine
Taube mit
Stickern!

7

Schlüpfendes Küken

Ein kleines Küken schlüpft aus dem Ei und sagt „Hallo!". Falte ein Küken und klebe es auf eine Osterkarte oder bastele ganz viele Figuren als Fensterdeko. Piep, piep, piep!

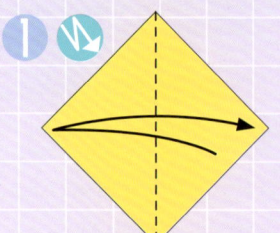

Falte dein Papier diagonal und entfalte es.

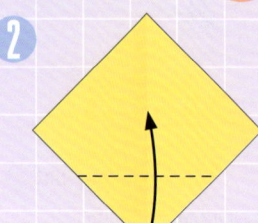

Falte die untere Ecke bis zur Mitte.

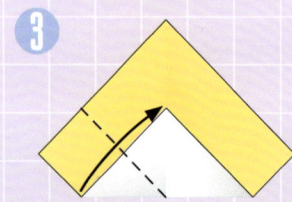

Falte die linke Kante zur Mittellinie.

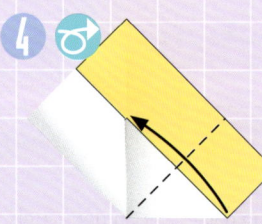

Wiederhole es auf der rechten Seite. Wende das Papier.

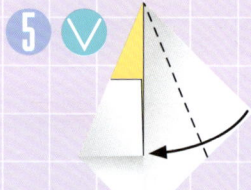

Falte beide Kanten bis zur Mittellinie.

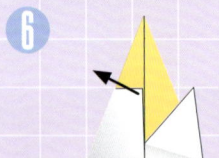

Ziehe die zwei Ecken nach außen und drücke sie fest.

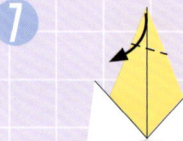

Falte die Spitze wie abgebildet nach unten.

Knicke die Spitze nach oben. Wende deine Figur.

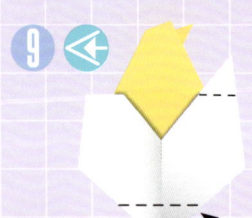

Falte die seitlichen und die untere Spitze nach hinten.

Klebe dem Küken Augen auf!

8

Osterlamm

Bastele ein süßes Lämmchen für den Frühling. Suche dir das pink-weiße Papier aus oder ein anderes zweifarbiges Papier und falte eine Herde Lämmer.

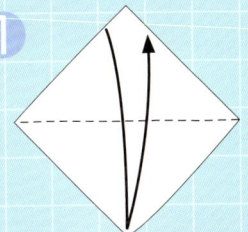

① Falte das Papier horizontal und entfalte es wieder.

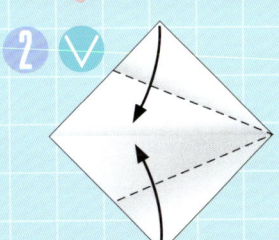

② Falte die zwei rechten Kanten bis zur Mittellinie.

③ Falte die Ecken wie abgebildet nach außen.

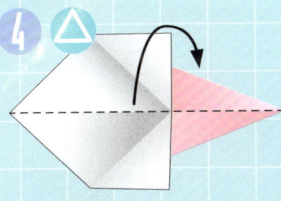

④ Lege das Papier an der Mittellinie hinten zusammen.

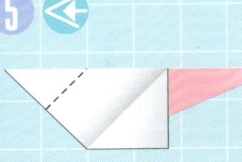

⑤ Falte die linke Spitze, entfalte sie und drücke sie zwischen die Seiten nach innen.

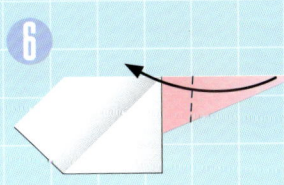

⑥ Falte die rechte Papierspitze fast entlang der Kante nach links.

⑦ Falte die Spitze nach innen und unten, um das Ohr zu basteln.

⑧ Falte die Spitze des Ohrs nach oben und drücke sie nach innen.

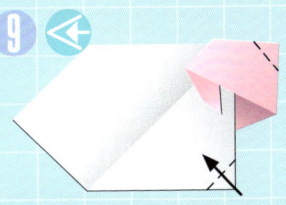

⑨ Falte an den abgebildeten Linien nach innen. Klebe Sticker auf!

Schmetterling

Dieser hübsche Schmetterling ist etwas schwieriger zu falten. Wenn du es geschafft hast, bastele ganz viele! Setze sie in einen Blumentopf oder klebe sie an ein Band. So hast du eine bunte Girlande.

1

Schneide dein Papier in zwei gleiche Rechtecke. Du brauchst nur eine Hälfte.

2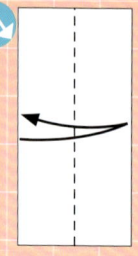

Falte eines der Teile in der Mitte und entfalte es wieder.

3

Falte die obere Hälfte nach unten. Falze die Faltkante.

4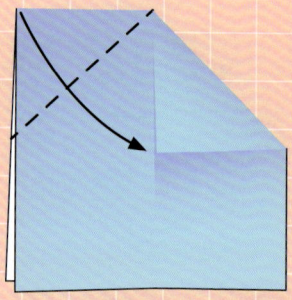

Falte die beiden oberen Ecken, sodass sie sich in der Mitte treffen.

5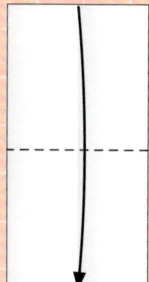

Entfalte die beiden Ecken wieder und drücke sie nach innen.

6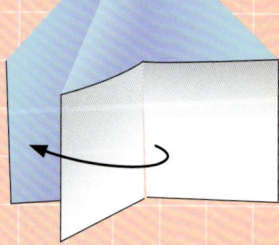

Klappe die rechte Seite nach links. Innen ist nun außen. Wiederhole auf der anderen Seite.

7 🔄

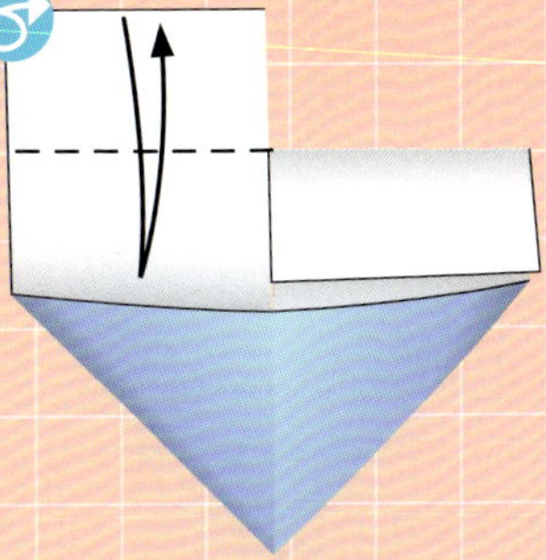

Drehe die Figur auf den Kopf. Falte von oben zur Mitte und entfalte wieder.

8 ◀

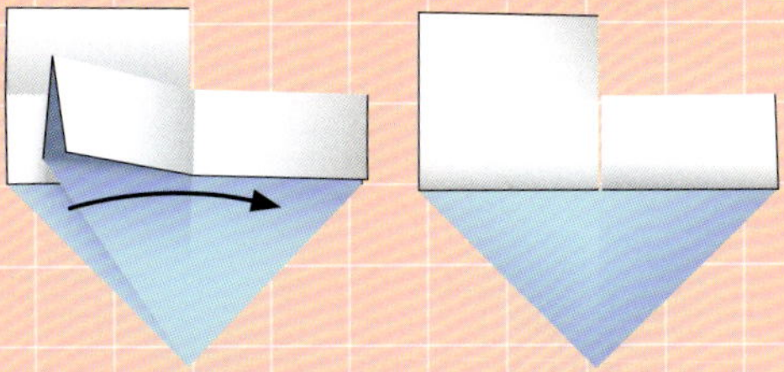

Lege die rechte Seite nach links, falte von oben nach innen, dann falte die Seite wieder nach rechts. Wiederhole links.

9

Falte die inneren Ecken auf beiden Seiten an der abgebildeten Linie nach unten.

10 ◀

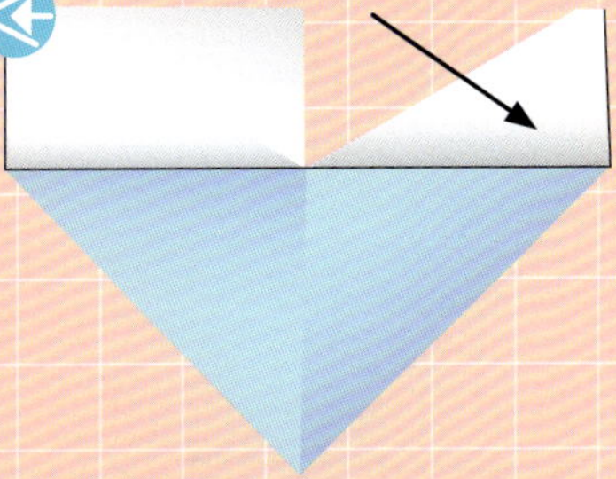

Entfalte wieder und drücke die Kanten für ein Dreieck nach innen.

11

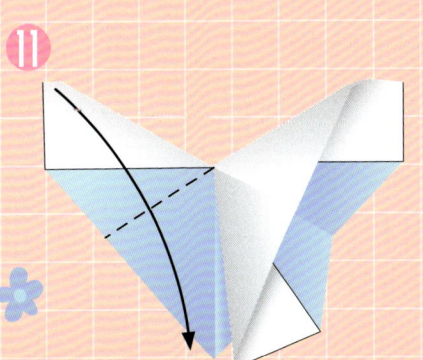

Falte die oben liegenden Flügel nach unten. Klebe bunte Sticker auf.

11

Lustiger Hase

Dieser lustige Hase wird rund wie ein Ballon! Falte ihn und puste Luft in die Figur, damit er eine runde Form bekommt. Klebe dem Hasen mit den Stickern ein süßes Gesicht auf.

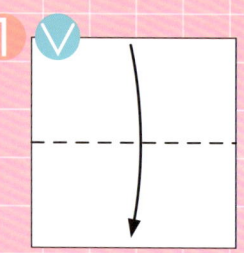

Falte dein Papier in der Mitte.

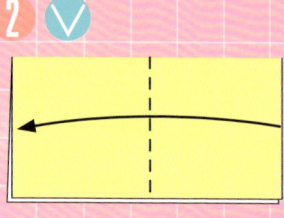

Falte erneut und falze die Kante.

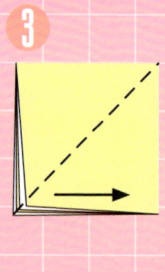 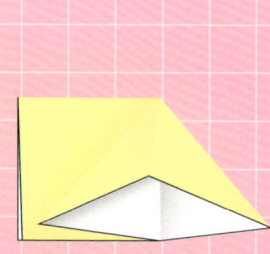

Ziehe die linke Ecke nach rechts und drücke fest. Es entsteht eine dreieckige Form.

Wende dein Papier. Ziehe die rechte obere Ecke nach unten und drücke das Dreieck flach.

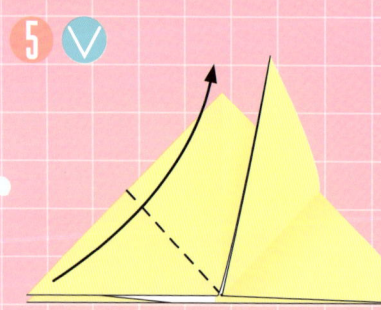

Falte die rechte und linke Ecke zur Spitze. Wiederhole auf der anderen Seite.

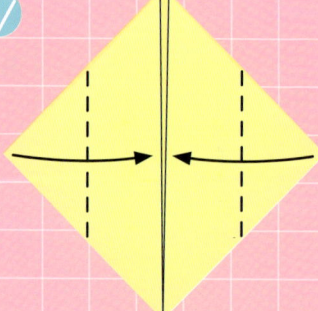

Falte die Ecken zur Mittellinie. Knicke die Ecken der anderen Seite nach hinten. Wende das Papier.

12

7 Stecke die Spitzen in die kleinen Öffnungen. Wende das Papier.

8 Falte die Spitzen wie abgebildet nach außen.

9 Falte die obere und untere Ecke nach innen, falze die Kanten und entfalte wieder.

10 Öffne die Dreiecke, sodass die Hasenohren entstehen. Nicht flach drücken!

Es gibt eine kleine Öffnung. Puste Luft hinein und sieh, was passiert!

Klebe ein Gesicht auf.

13

Tulpenblüte

Bastele bunte Tulpen als Deko für den Ostertisch. Du kannst ganz unterschiedliche Tulpen falten. Suche dir deine Lieblingsfarben aus!

1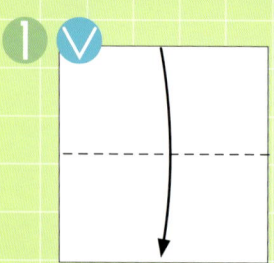

Falte dein Papier in der Mitte.

2

Falte es erneut und entfalte es.

3

Ziehe die linke Ecke nach rechts und drücke flach.

4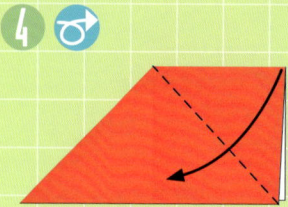

Wende dein Papier. Wiederhole Schritt 3 auf der anderen Seite.

5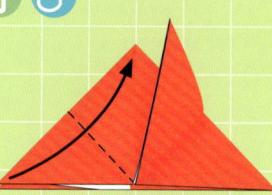

Falte die rechte und linke Ecke zur Spitze. Wende das Papier und wiederhole.

6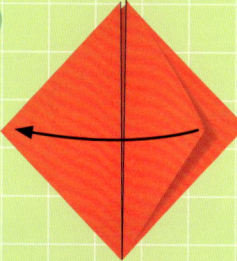

Klappe die rechte Seite nach links. Drücke flach, wende und wiederhole.

7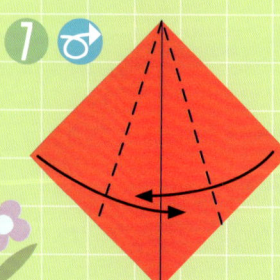

Falte die beiden Kanten etwas über die Mittellinie. Wende das Papier und wiederhole.

8

Stecke die rechte Ecke in die linke Lasche. Wiederhole auf der anderen Seite.

9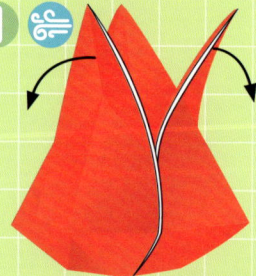

Puste oben in die Blume und ziehe die vier Blütenblätter nach unten.

14

Tulpenstiel

1 Falte ein Papier diagonal und entfalte es wieder.

2 Falte die Kanten wie aufgezeigt zur Mitte.

3 Falte die unteren Kanten zur Mittellinie.

4 Falte die Seiten erneut zur Mittellinie.

5 Falte die untere Spitze zur oberen.

6 Klappe die Seiten zusammen, ziehe die Spitze nach unten und stelle den Stiel auf.

7 Stecke die Blüte vorsichtig an der Stielspitze fest.

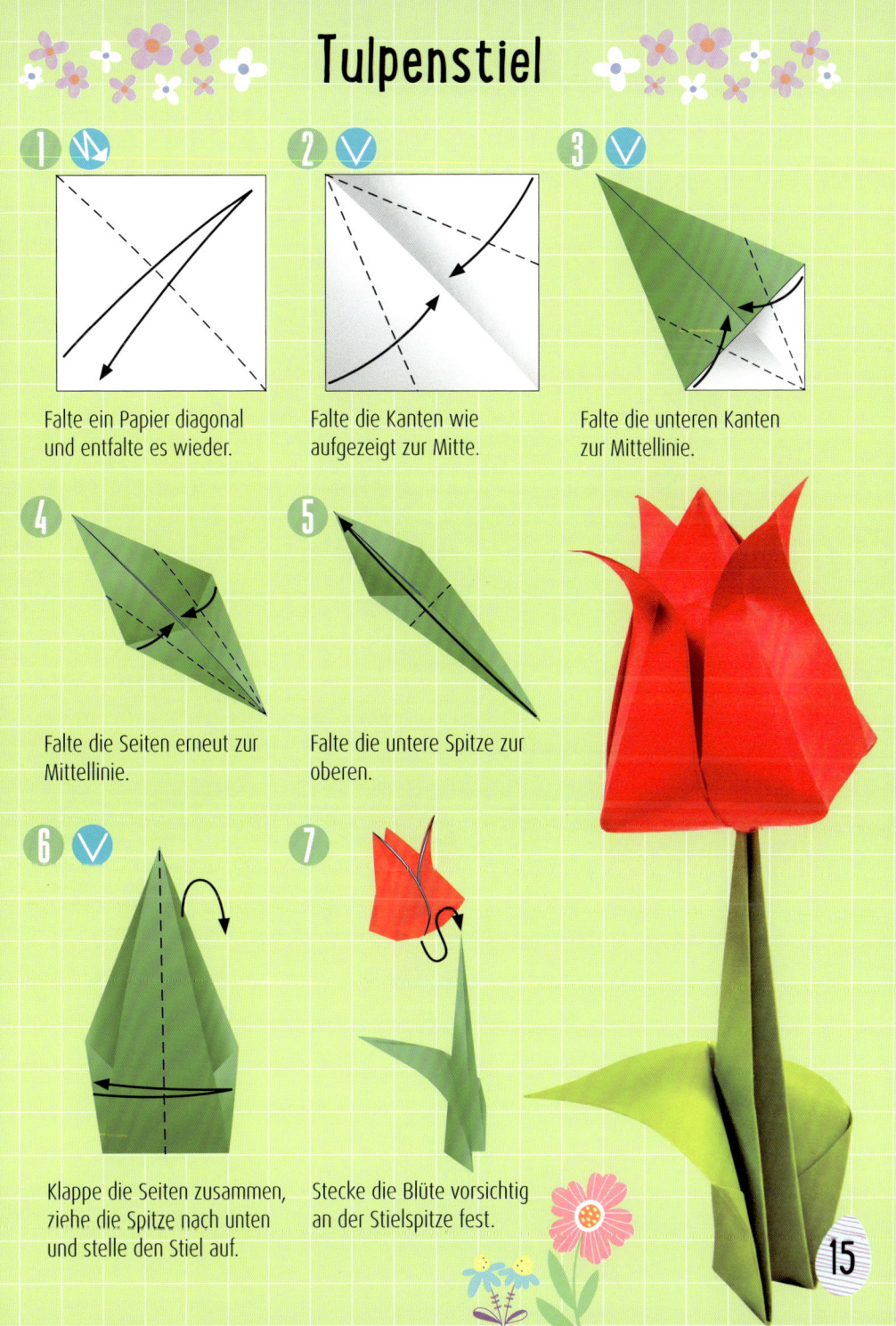

Osterkörbchen

Bastele ein lustiges Osterkörbchen und fülle es mit kleinen Überraschungen. Klebe einen Griff fest. Suche dir Figuren aus, male sie an und klebe sie auf.

1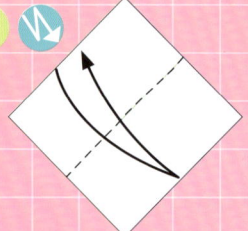

Falte ein Papier in der Mitte und entfalte es wieder.

2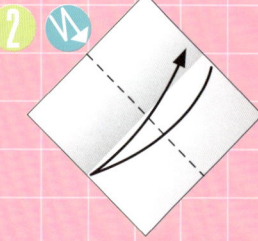

Falte die andere Seite und entfalte das Papier wieder.

3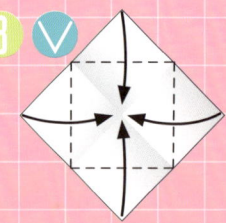

Falte die vier Ecken zum entstandenen Mittelpunkt.

4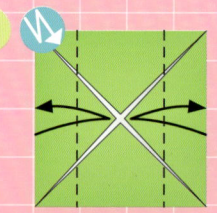

Falte und entfalte die abgebildeten Kanten.

5

Entfalte die beiden Laschen. Drehe das Papier.

6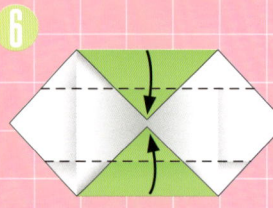

Falte die obere und untere Kante bis zur Mitte.

7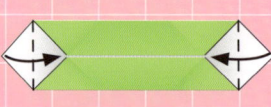

Falte die beiden gegenüberliegenden Ecken nach innen.

8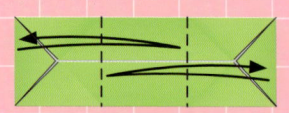

Falte die beiden Enden wie abgebildet.

9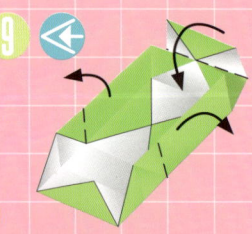

Entfalte die langen Seiten und klappe sie an der Faltlinie nach innen.

10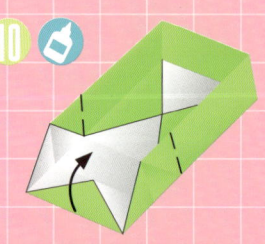

Wiederhole auf der anderen Seite. Klebe einen Griff an und dekoriere dein Körbchen.